1·2학년 공부의 기초!
교과서 낱말 퍼즐

2018년 1월 25일 초판 1쇄 발행
2022년 2월 25일 초판 7쇄 발행

글 | 정명숙
그림 | 김재일

발행인 | 정동훈
편집인 | 여영아
편집 | 김상범
디자인 | 장현순
제작 | 김종훈
발행처 | ㈜학산문화사
등록 | 1995년 7월 1일 제3-632호
주소 | 서울 동작구 상도로 282 학산빌딩
전화 | 편집 문의 02-828-8873 영업 문의 02-828-8962
팩스 | 02-823-5109
홈페이지 | www.haksanpub.co.kr

ISBN 979-11-88870-28-8 73710
ⓒ이빈, 정명숙, 김재일 2018

※KC마크는 이 제품이 공통안전기준에 적합하였음을 의미합니다.
※이 책은 저작권법에 따라 한국 내에서 보호받는 저작물이므로 무단 전재와 무단 복제를 금합니다.
　이 책의 전부 또는 일부를 이용하려면 반드시 저작권자와 출판사의 동의를 받아야 합니다.
※잘못된 책은 바꾸어 드립니다.

머리말

문제를 풀다가 낱말의 뜻을 몰라서 틀린 적이 있나요?

모르는 낱말 때문에 고민하는 친구들을 위해
1학년과 2학년 교과서에 나오는 중요한 낱말을 뽑아서
'낱말 퍼즐'을 만들었어요.
양팔 저울 모양, 대한민국 지도 모양, 기와집 모양,
육각형 모양, 쇠스랑 모양 등등 재미있는 모양에 담아냈지요.
놀이하듯 가볍게 풀다 보면 자신도 모르게 어휘력이 쑥쑥 자라나
교과서 내용을 더욱 더 쉽게 이해할 수 있을 거예요.
낱말의 뜻뿐만 아니라 ㉠반대말, ㉡비슷한말과 더불어
㉢한자도 익힐 수 있으니까요.

수수께끼와 끝말잇기, 속담과 다섯고개놀이,
숨은그림찾기 코너도 있으니까 부담 갖지 말고 재미있게
즐기면 돼요. 책을 순서대로 봐야 한다는 규칙도 없어요.
자신이 좋아하는 것부터 먼저 풀면 되거든요.
그러다 보면 순식간에 낱말 퍼즐 한 권이 뚝딱!
자두랑 함께 풀어 보는 재밌는 두뇌 놀이 '낱말 퍼즐'을
내가 잘하나 자두가 잘하나 한번 겨뤄 보지 않을래요?

정명숙

종달새 모양 낱말 퍼즐 | 국어 2학년 | · 64

자라 모양 낱말 퍼즐 | 국어 2학년 | · 72

육각형 모양 낱말 퍼즐 | 수학 2학년 | · 80

장구애비 모양 낱말 퍼즐 | 가을·겨울 2학년 | · 88

안경 모양 낱말 퍼즐 | 국어 2학년 | · 96

쇠스랑 모양 낱말 퍼즐 | 국어 2학년 | · 104

기와집 모양 낱말 퍼즐 | 가을·겨울 2학년 | · 112

가로 세로 낱말 퍼즐(1~2학년) 목록 · 120

숨은그림찾기 정답 · 122

 가로 열쇠

1. 부부를 중심으로 하여 핏줄로 이어져 한 집안을 이루는 사람들.
   예 우리 ○○은 아버지, 어머니, 나, 동생 네 명이에요. 비 식구 한 家族

4. 자두나무의 열매.
   예 ○○는 살구보다 조금 크고 맛은 새콤달콤한 과일이에요.

5. 갓 결혼한 여자.
   예 우렁이 ○○라는 전래 동화를 읽어 본 적이 있나요? 비 새색시 반 신랑

7. 한글 닿소리.
   예 '기역, 니은, 디귿, ……, 티읕, 피읖, 히읗' ○○은 모두 14자예요. 반 모음 한 子音

 세로 열쇠

2. 자줏빛의 길고 둥근 열매.
   예 뿌리채소인 당근과 열매채소인 ○○는 여름 텃밭에서 볼 수 있어요.

3. 머리 위에 쓰는 물건.
   예 야구 선수들은 챙이 달린 ○○를 써요. 하지만 타자는 헬멧을 써요. 한 帽子

6. 시간을 나타내는 기계.
   예 벽에 있는 ○○가 오후 2시를 가리키고 있습니다. 한 時計

8. 한글 홀소리.
   예 '아, 야, 어, 여, ……, 우, 유, 으, 이' ○○은 모두 10자예요. 반 자음 한 母音

수수께끼

공부해서 남 주는 사람은?

정답은 ☐☐☐ 입니다.

끝말잇기

두부-부자-□□□-거미-미안-□□

따르릉 따르릉 비켜나세요
○○○가 나갑니다
따르르르릉~

엄마 아빠 ○○
선생님께 ○○ 예쁘게
인사하는 착한 어린이~

○○ 하세요!

정답은 □□□ 와 □□ 입니다.

속담

낫 놓고 ○○ 자도 모른다.

이것은 뭐게?
① 기역
② 니은
③ 디귿

속담 풀이 기역 자 모양으로 생긴 낫을 보면서도 기역 자를 모른다는 뜻으로, 아주 무식함을 빗대어 쓴 속담이에요.

정답은 ☐ ☐ 입니다.

1. 말이나 글로 생각을 나타내는 가장 작은 단위.
   예 느낌표, 물음표, 마침표, 쉼표를 ○○ 부호라고 해요. 비 문 한 文章

3. 겉을 싸고 있는 단단한 물질.
   예 조개껍질로 쓰면 틀려요, 조개○○○로 써야 옳아요. 비 딱지 반 알맹이

4. 목이 긴 것이 특징인 동물.
   예 목이 긴 ○○을 한참 올려다보니 내 목도 길어지는 것 같아요. 비 영수 한 麒麟

5. ','의 이름. 문장 부호의 하나.
   예 <자두야,>처럼 ○○는 부르는 말이나 대답하는 말 뒤에 써요. 비 반점 반 마침표

7. 형의 높임말.
   예 아이고! 놀부 ○○, 별안간 나가라 하니 어디로 가오리까?

2. 추위를 막기 위해 손에 끼는 물건.
   예 할머니께서 떠 주신 하얀 벙어리 ○○이 참 따뜻해요. 한 掌匣

6. '?'의 이름. 문장 부호의 하나.
   예 <뭐 하니?>처럼 ○○○는 묻는 문장 끝에 써요. 비 의문표

8. 어머니의 높임말.
   예 자네 ○○○과 아버님은 잘 계시나?

수수께끼

팽이는 팽이인데
돌지 못하는 팽이는?

정답은 ☐☐☐ 입니다.

속담

○○○에게 물려 가도 정신만 차리면 산다.

속담 풀이 아무리 위급한 경우를 당하더라도 정신만 똑똑히 차리면 위기를 벗어날 수가 있다는 뜻의 속담이에요.

정답은 ☐☐☐ 입니다.

양팔 저울 모양 낱말 퍼즐

수학 1학년

가로 열쇠

1. 다섯에 하나를 더한 수.
　　(예) 곤충의 다리는 모두 ○○개예요. (비) 육

3. 처음 되는 차례. 일.
　　(예) 월요일 ○○ 시간은 도덕 시간이에요. (반) 마지막

5. 한 개의 수에 또 하나의 수를 더하는 셈.
　　(예) 받아올림이 있는 ○○은 계산하기 어려워요. (비) 더하기

7. 한 끝에서 다른 끝까지의 거리.
　　(예) 연필의 ○○는 크레파스보다 더 깁니다. (비) 장

세로 열쇠

2. 일곱에 하나를 더한 수.
　　(예) 문어의 다리는 모두 ○○개예요. (비) 팔

4. 순서가 세 번째인 차례.
　　(예) 첫째, 둘째, ○○, 넷째, 다섯째, …… (비) 삼

6. 어떤 수에서 어떤 수를 덜어 내는 셈.
　　(예) 식에 알맞게 그림을 그려 ○○을 해 보세요. (비) 빼기

8. 넓은 정도.
　　(예) 도화지의 ○○는 색종이보다 더 넓습니다. (비) 너비

수수께끼

거꾸로 서면 3을 손해 보는 숫자는?

거꾸로 보면

3이 줄어

정답은 ☐ 입니다.

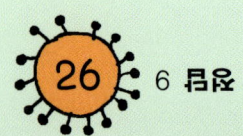

끝말잇기

□□ - 하나 - 나무 - □□□ - 화분 - 분홍

정답은 □□ 와 □□□ 입니다.

속담 세 살 적 버릇이 ○○까지 간다.

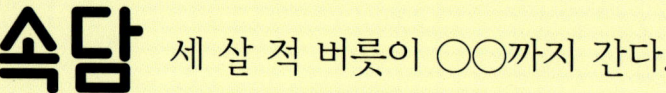

아직도… 그 버릇이…

나 여든 살이야

나 세 살이야

속담 풀이 어릴 때 몸에 밴 버릇은 늙어 죽을 때까지 고치기 힘들다는 뜻으로, 어릴 때부터 나쁜 버릇이 들지 않도록 잘 가르쳐야 함을 빗대어 쓴 속담이에요.

정답은 ☐ ☐ 입니다.

1. 자기의 이름을 적은 표.
   예 이름을 빨리 알 수 있도록 ○○○를 가슴에 꼭 달고 다니세요. 비 명패

3. 비가 많이 와서 강이나 개천에 갑자기 크게 불은 물.
   예 여름에 비가 많이 오면 ○○가 나기도 해요. 비 큰물 반 가뭄 한 洪水

5. 이모의 남편을 부르는 말.
   예 고모의 남편은 고모부, 이모의 남편은 ○○○라고 불러요. 비 이숙 한 姨母夫

8. 달에서 비쳐 오는 빛.
   예 고이고이 오색실에 꿰어서 ○○ 새는 창문가에 두라고~

2. 한 해의 네 철 가운데 둘째 철. 낮이 길고 더운 계절.
   예 우리나라는 봄, ○○, 가을, 겨울 4계절이 있어요. 비 하계 반 겨울

4. 옥수수 나무의 열매.
   예 ○○○알 길게 두 줄 남겨서 우리 아기 하모니카 불고 있어요. 비 강냉이

6. 잘게 부스러진 돌 부스러기.
   예 바윗돌 깨뜨려 돌덩이, 돌덩이 깨뜨려 자갈돌, 자갈돌 깨뜨려 ○○알. 비 세사

7. 분홍색 꽃이 잎보다 먼저 피는 봄꽃.
   예 노랑 개나리와 분홍 ○○○는 봄을 알리는 대표적인 봄꽃이에요. 비 참꽃

정답 [가로 열쇠] 1. 이름표 3. 홍수 5. 이모부 8. 달빛
[세로 열쇠] 2. 여름 4. 옥수수 6. 모래 7. 진달래

수수께끼

여름에는 일하고 겨울에는 쉬는 것은?

바쁘다. 바빠

정답은 ☐☐ 입니다.

끝말잇기

속담

○○에 가 숭늉 찾는다.

"숭늉 한 그릇만 주시오"

속담 풀이 순서를 무시하고 급하게 서두른다는 뜻이에요. 일의 순서도 모르고 성급하게 덤비는 성질 급한 사람을 빗대어 쓰는 속담이에요.

정답은 ☐ ☐ 입니다.

다섯고개놀이

1. 동그란 모양인가요? — 예.
2. 줄무늬 옷을 입었나요? — 예.
3. 속살이 파랗나요? — 아니요, 빨갛습니다.
4. 씨앗이 큰가요? — 아니요, 작습니다.
5. 여름철 과일인가요? — 예.

정답은 ☐☐ 입니다.

숨은그림

 나팔꽃 / 나뭇잎

 별 / 콩나물

 물고기

 우산 / 새싹

 창문

 (사람의)눈 / 해

 스케치북

 거미줄

가로 열쇠

2. 화가 풀리어 다시 사이좋게 지냄.
   예) 원숭이와 기린은 이제 그만 싸우고 ○○하기로 하였어요. 비) 화목 한) 和解

4. 어떤 모임에 오라고 청함.
   예) 오늘 친구의 생일 ○○를 받았어요. 비) 초청 한) 招待

8. 집이나 어떤 물건을 버티고 서 있는 나무.
   예) '○○보다 서까래가 더 굵다'는 속담을 알고 있나요? 비) 버팀목

세로 열쇠

1. 욕심이 많고 심술궂은 놀부의 동생.
   예) 맘씨 좋은 ○○는 제비 다리 고쳐 놓고, 심술궂은 놀부는 제비 다리 다쳐 놓고~

3. 배를 습격하여 재물을 빼앗는 도둑.
   예) ○○선에 끌려간 아이들을 구하기 위해 피터 팬은 후크 선장과 최후의 결투를 벌였어요. 비) 해도 한) 海賊

5. 풀이 나 있는 들판.
   예) 넓고 푸른 ○○에 아주 많은 동물이 모여 살았어요. 비) 풀밭 한) 草原

6. 중생대 쥐라기와 백악기에 걸쳐 번성하였던 거대한 파충류.
   예) 티라노사우루스는 가장 무섭고 사나운 육식 ○○으로 알려져 있어요. 한) 恐龍

7. 늘 해를 따라 고개를 향하는 꽃.
   예) 키다리 꽃 ○○○○는 페루의 나라꽃이에요.

정답 [가로 열쇠] 2. 화해 4. 초대 8. 기둥 [세로 열쇠] 1. 흥부 3. 해적 5. 초원 6. 공룡 7. 해바라기

수수께끼 날아다니는 꼬리는?

정답은 ☐☐☐ 입니다.

끝말잇기

우리는 평화의 상징

구구구 구구구구

9는 아홉 구구구 ○○○
아홉 마리도 함께
구구구구구구구구~

노랑나비 - ☐☐☐ - 기대 - 대출 - ☐☐ - 발표

자, 이제 출발!

여행을 떠나요~

꼬마 버스가 ○○합니다
부릉부릉 힘차게
달려갑니다~

정답은 ☐☐☐ 와 ☐☐ 입니다.

속담

못된 ○○○ 엉덩이에 뿔이 난다.

저 송아지 저럴 줄 알았지

우리한테 그렇게 못되게 굴더니…

속담 풀이 되지못한 것이 엇나가는 짓만 한다는 뜻이에요. 미운 사람이 건방지고 못된 행동을 할 때 빗대어 쓰는 속담이에요.

정답은 ☐☐☐ 입니다.

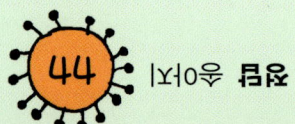

다섯고개놀이

1. 동물인가요? — 예.
2. 무엇을 먹나요? — 풀을 먹습니다.
3. 몸집이 작은가요? — 아니요, 큽니다.
4. 코가 긴가요? — 예.
5. 더울 때는 큰 귀를 부채처럼 움직여 체온을 식히나요? — 예.

정답은 ☐☐☐ 입니다.

로봇 모양 낱말 퍼즐

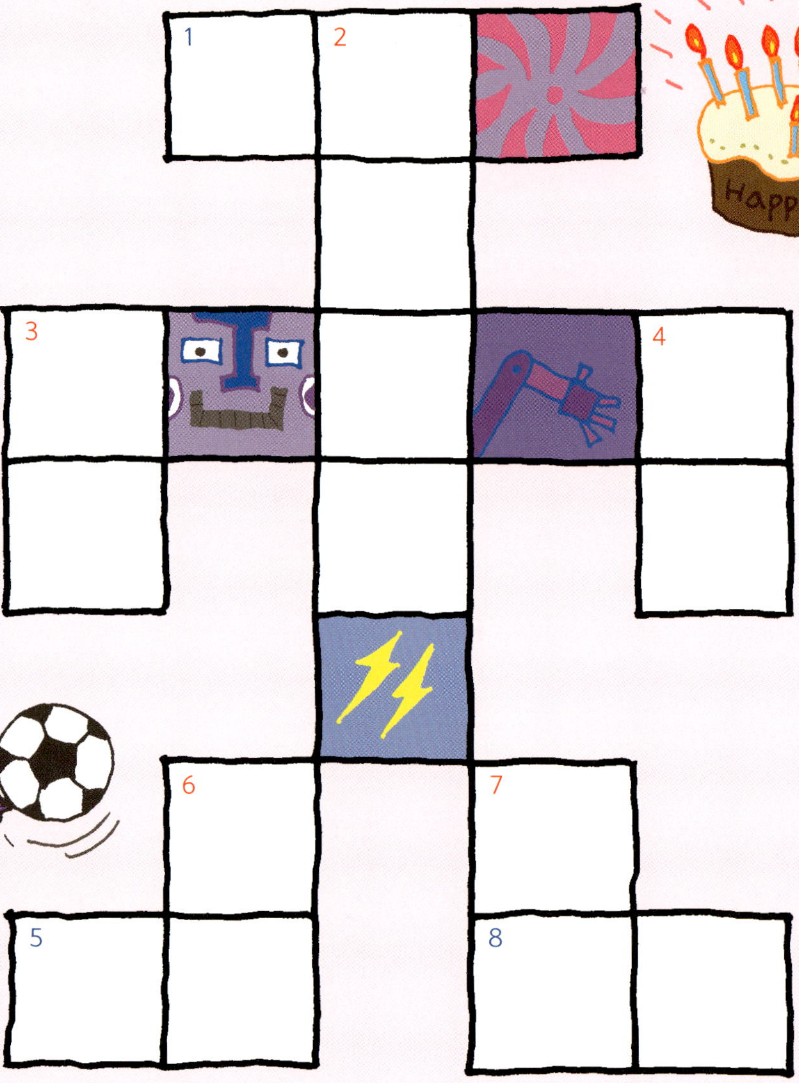

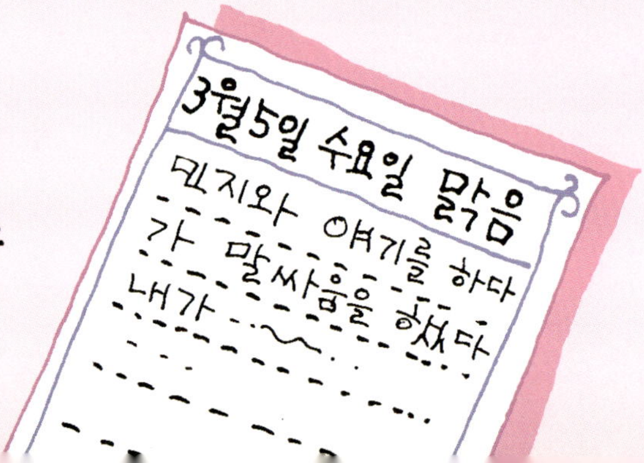

1. 대변이 잘 누어지지 않는 병.
   예 뿌리채소인 우엉을 먹으면 ○○에 잘 걸리지 않는대요. 비 변비증

5. 예의와 범절을 아울러 이르는 말.
   예 동네 어른들께 ○○이 참 바른 아이라고 칭찬받았어요. 비 예의범절 한 禮節

8. 날마다 일어난 사실과 자기의 생각을 적은 글.
   예 엄마, 나 오늘 ○○ 뭐 써? 한 日記

2. 손바닥만 한 납작한 돌을 비석처럼 세우고 좀 떨어진 곳에서 돌을 던져 맞히는 놀이.
   예 옛날 아이들은 자치기, 말뚝박기, 제기차기, ○○○○를 하며 놀았어요. 비 돌치기

3. 농사짓는 일을 직업으로 하는 사람.
   예 ○○는 논과 밭에서, 어부는 바다에서, 광부는 광산에서 일해요. 비 농사꾼 한 農夫

4. 인간과 비슷한 형태를 가지고 걷기도 하고 말도 하는 기계 장치.
   예 나는 숙제를 대신해 주는 ○○이 있었으면 좋겠어요.

6. 온 겨레가 즐기는 좋은 날.
   예 설날, 한식, 단오, 추석을 우리나라의 4대 ○○이라고 불러요. 비 명일 한 名節

7. 세상에 태어난 날.
   예 사랑하는 우리 자두의 ○○을 축하합니다! 한 生日

정답 [가로 열쇠] 1. 변비 5. 예절 8. 일기 [세로 열쇠] 2. 비사치기 3. 농부 4. 로봇 6. 명절 7. 생일

수수께끼 머리로 먹고 옆으로 토하는 것은?

냠냠 맛있다!

정답은 ☐☐ 입니다.

속담

벼 ○○은 익을수록 고개를 숙인다.

선생님! 존경합니다

벼○삭이 다 익었네

아이… 별말씀을…

속담 풀이 교양이 있는 사람일수록 겸손하고 남 앞에서 자기를 내세우려 하지 않는다는 것을 비유적으로 이르는 속담이에요.

정답은 ☐ ☐ 입니다.

숨은그림

 까마귀

 도토리

 썰매

 솔잎

 쓰레기통

 파리

 가방

 당근

 가위

 독수리

 병

 딱지

가로 열쇠

2. 청소하는 일을 직업으로 하는 사람.
　　(예) 길거리를 깨끗하게 청소하는 ○○○○○ 아저씨는 고마운 분이세요. (한) 環境美化員

5. 바람이 불면 빙빙 돌게 만든 어린이 장난감.
　　(예) 색종이, 수수깡, 실핀만 있으면 뱅글뱅글 도는 ○○○○를 만들 수 있어요. (비) 팔랑개비

6. 우리나라에서 제일 높은 산. 2,744m
　　(예) 동해물과 ○○○이 마르고 닳도록 하느님이 보우하사 우리나라 만세~ (한) 白頭山

7. 우리나라의 이름.
　　(예) ○○○○의 수도는 서울이고, 미국의 수도는 워싱턴이에요. (한) 大韓民國

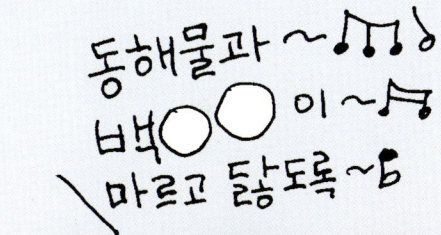

세로 열쇠

1. 우리나라 명절의 하나. 음력 8월 15일.
　　(예) ○○에는 햅쌀로 송편을 빚어요. (비) 한가위 (한) 秋夕

3. 미역을 넣어 끓인 국.
　　(예) 왜 생일에 ○○○을 먹는지 여러분은 알고 있나요? (비) 자반국

4. 손을 내밀어 그 모양에 따라 순서를 정하는 방법.
　　(예) 안 내면 술래 ○○○○○!

8. 자기 나라 밖의 다른 나라.
　　(예) 우리나라를 방문하는 ○○인들에게 친절해야 해요. (비) 해외 (반) 고국 (한) 外國

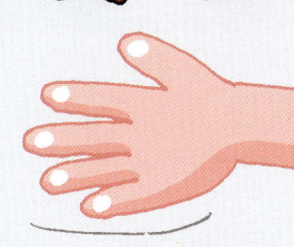

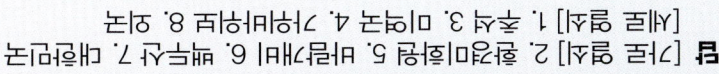
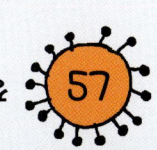

수수께끼

남은 다 노는 날인데 혼자 매달려 있는 것은?

나는 오늘 일해요~

오늘은 10월 3일

개천절

나도 유치원 안 가는 날

학교 안 가니까 만화책이나 실컷 봐야지

정답은 ☐☐ 입니다.

끝말잇기

첨성대 - ☐☐ - 추수 - 수비 - 비밀 - ☐☐☐☐

정답은 ☐☐ 와 ☐☐☐☐ 입니다.

속담

○○이 땅을 사면 배가 아프다.

우리는 사촌 사이!

아이고 배야

나, 땅샀다!

속담 풀이 남이 잘되는 것을 기뻐해 주지는 않고 오히려 질투하고 시기하는 경우를 빗대어 쓰는 속담이에요.

정답은 ☐☐ 입니다.

1. 시를 소리 내어 외거나 읽음.
   예 친구들 앞에서 좋아하는 시를 ○○해 보세요. 비 낭독 한 朗誦

3. 서로 친하게 사귀는 사람.
   예 '○○ 따라 강남 간다'는 속담도 있잖아. 나랑 같이 심부름 가자. 비 동무 한 親舊

5. 도시에서 떨어져 있는 곳.
   예 이번 여름 방학에는 꼭 ○○에 있는 외할머니댁에 놀러 갈 거예요. 비 촌 반 도시

7. 몸이 참새보다 조금 큰 새.
   예 하늘에서 굽어보면 보리밭이 좋아 보여 ○○○가 쏜살같이 내려옵니다~ 비 종다리

2. 솔나방의 애벌레. 누에와 비슷하며 온몸에 털이 나 있음.
   예 ○○○는 소나무 잎을 갉아먹는 해충이에요. 비 송충

4. 작은 물방울들이 모여서 하늘에 높이 떠 있는 것.
   예 맑게 갠 날의 ○○은 깨끗한 흰색이지만, 비가 올 듯한 날은 어두운 회색이에요.

6. 떡을 찔 때 쓰는 그릇.
   예 쌀가루에 콩이나 팥을 섞은 것을 ○○에 쪄낸 떡을 시루떡이라고 불러요.

8. 재봉틀의 발판이나 자전거의 발걸이.
   예 자전거를 빨리 배우고 싶은 마음에 열심히 ○○을 밟았어요. 비 발걸이, 발판

수수께끼

낮에는 올라가고 밤에는 내려오는 것은?

정답은 ☐☐ 입니다.

끝말잇기

□□ - 보물 - 물놀이 - 이사 - 사자 - □□□

정답은 □□ 와 □□□ 입니다.

속담

○ 한마디에 천 냥 빚을 갚는다.

자네 ○을 듣는 순간 지난번 빌려준 천 냥을 안 받기로 했네

이 사람아. 아프다면서? 부디 건강하시게

속담 풀이 말만 잘하면 어려운 일이나 불가능해 보이는 일도 해결할 수 있다는 뜻이에요. 말의 중요성을 강조하는 속담이에요.

정답은 ☐ 입니다.

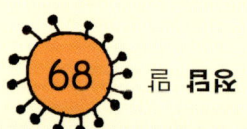

숨은그림

아이스크림 / 불가사리

김밥 / 만두

눈사람 / 단추

장독 / 국화

강아지풀 / 생수병

비행기

우체통

1. 병을 앓거나 다친 사람.
예 의사 선생님의 솜씨가 좋다고 소문이 나서 ○○들이 줄을 섰어요. 비 병자 한 患者

3. 높이어 공경함.
예 젊은 개미들은 의젓하고 지혜로운 늙은 개미를 ○○했어요. 비 공경 반 무시 한 尊敬

5. 아직 오지 아니한 앞날.
예 어린이는 ○○의 주인공이에요. 비 장래 반 과거 한 未來

7. 모든 사람의 의견이 같음.
예 가족회의 결과 자두가 낸 의견이 ○○○○로 확정되었어요. 한 滿場一致

2. 거북이와 비슷하게 생긴 동물.
예 '○○ 보고 놀란 가슴 솥뚜껑 보고 놀란다'는 속담이 참 재미있어요.

4. 실제로 해 보거나 겪어 봄.
예 친구와 화해한 ○○을 떠올리며 글을 읽어 보세요. 비 체험 반 상상 한 經驗

6. 한 번 들어가면 다시 빠져나오기 어려운 길.
예 화살표를 따라가면 ○○를 쉽게 빠져나올 수 있어요. 비 미궁 한 迷路

8. 남의 말에 덩달아 편듦.
예 자두가 한 말에 미미도 덩달아 ○○○를 쳤어요. 비 곁장구

수수께끼

말은 말인데 타지 못하는 말은?

난 탈 수 있는 말

정답은 ☐☐ 입니다.

양말 : 정답

끝말잇기

속담

눈은 풍년이나 입은 ○○이다.

냠냠 뷔페

죽만 먹었어
...약국

치과 갔다 오면 먹을 게 없을걸

속담 풀이 눈에 보이는 것은 많아도 정작 제가 먹을 것은 없음을 비유적으로 이르는 속담이에요.

정답은 ☐ ☐ 입니다.

숨은그림

거북선

곰

괭이

사슴벌레

사슴 양동이

뱀

장화

우유갑

고깔

코알라

벌

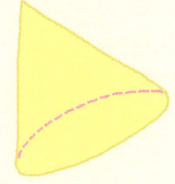

1. 남는 수.
  예 앵두 10개 중 7개는 자두가 먹고 ○○○ 3개는 미미가 먹었어요. 비 자투리

4. 종류에 따라서 나누어 놓는 것.
  예 쓰레기는 재활용할 수 있는 것과 없는 것으로 ○○해서 버려야 해. 비 구분 한 分類

5. 여섯 개의 직선으로 둘러싸인 평면도형.
  예 축구공은 12개의 오각형 조각과 20개의 ○○○ 조각을 꿰매서 만들어요. 비 육모꼴
  한 六角形

8. 수량을 나타낼 때 기준이 되는 수치.
  예 길이의 ○○에는 밀리미터, 미터, 센티미터, 킬로미터가 있어요. 비 하나치 한 單位

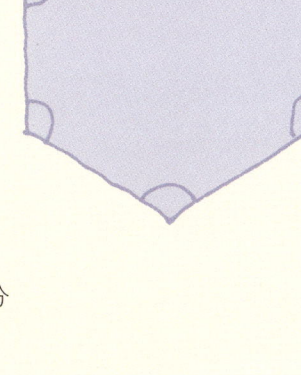

각이 6개
↙ 육각형

2. 물건을 넣을 수 있게 만든 주머니.
  예 자두는 편의점에 가서 과자 다섯 ○○를 사 왔어요. 비 봉투 한 封紙

3. 전체를 이루는 작은 범위.
  예 두 개의 그림에서 틀린 ○○을 찾아 동그라미 하세요. 비 일부분 한 部分

6. 점, 선, 면으로 이루어진 모양.
  예 원과 삼각형은 평면 ○○, 원기둥과 삼각뿔은 입체 ○○이에요. 한 圖形

7. 사람이 오르내리기 위하여 건물이나 비탈에 만든 층층대.
  예 엘리베이터가 고장 났으니 ○○을 이용하세요. 비 층계 한 階段

정답 [가로 열쇠] 1. 나머지 4. 분류 5. 육각형 8. 단위 [세로 열쇠] 2. 봉지 3. 부분 6. 도형 7. 계단

수수께끼

자기 것인데 남이 더 많이 쓰는 것은?

자두야~ 노올자~

자두야 밥먹어라

자두! 나 사탕 하나만

최자두, 이 문제의 답은?

자두 바~보~

정답은 ☐ ☐ 입니다.

끝말잇기

□□-네모-모이-이야기-기구-□□

정답은 □□ 와 □□ 입니다.

속담

○○○는 말 잘하여도 날아다니는 새다.

이번에 축구시합에서 환상적인 드리블로 5골을 넣었지!

후보선수

말로만 번지르르~

저 ○○새 같은...

속담 풀이 앵무새는 비록 사람의 흉내를 내서 말을 잘할지라도 하늘을 나는 새에 불과하다는 뜻으로, 말만 잘하고 실천을 조금도 하지 않는 사람을 빗대어 쓰는 속담이에요.

정답은 ☐☐☐ 입니다.

1. 낫처럼 생긴 앞다리로 곤충이나 물고기의 체액을 빨아먹는 물속 곤충.
   - 예) 앞다리로 물 위에서 덤벙거리는 모습이 장구를 치는 것과 비슷하다고 해서 ○○○○라고 붙여졌대요.

3. 시각, 청각, 후각, 미각, 촉각의 다섯 가지 감각.
   - 예) 눈으로 보고, 귀로 듣고, 코로 냄새 맡고, 혀로 맛보고, 피부로 느끼는 것을 ○○이라고 해. 비) 오각 한) 五感

5. 사람이나 곡식에 해가 되는 벌레.
   - 예) 파리와 모기 같은 ○○을 없애려면 어떻게 해야 할까요? 비) 유해곤충 반) 익충 한) 害蟲

7. 긴 발끝에 방수성 털이 있어 물 위를 잘 다니는 작은 곤충.
   - 예) 물 위를 쓱쓱 미끄러지듯 헤엄치는 ○○○○는 연못의 스케이트 선수예요.

2. 논이나 연못 등의 물에 떠서 자라는 작은 풀잎.
   - 예) ○○○○은 마치 개구리가 먹는 밥처럼 입 주변에 풀잎이 달라붙어 붙여진 이름이에요.

4. 여동생이 손위의 오라비를 부르는 말.
   - 예) 서울 가신 ○○는 소식도 없고 나뭇잎만 우수수 떨어집니다. 비) 오라비 반) 언니

6. 세균에 의하여 벌레 먹은 이.
   - 예) 사탕을 먹고 이를 닦지 않으면 ○○가 생겨요. 비) 우치 한) 蟲齒

8. 개구리의 유생. 몸통은 둥글며 꼬리로 물속을 헤엄쳐 다님.
   - 예) 개울가에 ○○○ 한 마리 꼬물꼬물 헤엄치다 뒷다리가 쏙 앞다리가 쏙 팔딱팔딱 개구리 됐네.

정답 [가로 열쇠] 1. 장구애비 3. 오감 5. 해충 7. 소금쟁이
[세로 열쇠] 2. 개구리밥 4. 오빠 6. 충치 8. 올챙이

수수께끼 개 중에 가장 아름다운 개는?

정답은 ☐☐☐ 입니다.

끝말잇기

○○○ 날아다니다
장다리꽃에 앉았다
살금살금~

대문 - ☐☐☐ - 기피 - 피부 - 부레옥잠 - ☐☐☐

○○○ 문 열어라
열쇠 없어 못 열겠네~

문지○가 화장실 갔나?

정답은 ☐☐☐ 와 ☐☐☐ 입니다.

속담

○ 심은데 ○ 나고 팥 심은데 팥 난다.

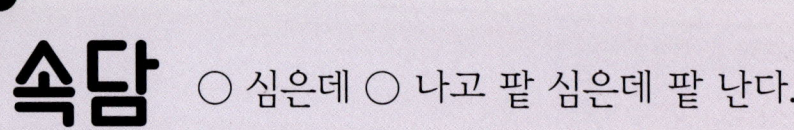

역시 심은대로 나네

팥

속담 풀이 좋은 일을 하면 좋은 일이 생기고 나쁜 일을 하면 나쁜 일이 생기듯이 모든 일은 원인에 따라서 결과가 생긴다는 것을 빗대어 이르는 속담이에요.

정답은 ☐ 입니다.

가로 열쇠

2. 짚으로 지붕을 이은 집.
  예 ○○○은 짚이 잘 썩어서 1년마다 지붕을 새로 얹어 주어야 해요. 비 초가

3. 소식을 전하기 위해 보내는 글.
  예 아무도 나한테 ○○를 안 보내. 우편함이 늘 텅텅 비어 있어. 비 서한 한 便紙

5. 사람이 태어나서 지금까지 살아온 햇수.
  예 ○○의 높임말은 '연세'예요. 비 연령

7. 오라비와 누이를 아울러 이르는 말.
  예 호랑이를 물리치고 하늘로 올라간 ○○○는 해와 달이 되었대요. 비 남매

세로 열쇠

1. 눈을 보호하기 위하여 눈에 쓰는 물건.
  예 할머니 ○○은 돋보기안경, 내 동생 ○○은 수수깡 안경~ 비 선글라스 한 眼鏡

4. 솥바닥에 눌어붙은 밥.
  예 하늘 천 따 지 가마솥에 ○○○ 박박 긁어서 선생님은 한 그릇 나는 두 그릇~ 비 눌은밥

6. 잠시 집을 떠나 가까운 곳에 나가는 일.
  예 이번 주말에 공원으로 ○○○ 갈 계획인데 시간 괜찮니? 비 바깥나들이

8. 방이나 솥에 불을 때려고 만든 구멍.
  예 날씨가 너무 추우니 ○○○에서 몸부터 녹여야겠다. 비 아궁

정답 [가로 열쇠] 2.초가집 3.편지 5.나이 7.오누이 [세로 열쇠] 1.안경 4.누룽지 6.나들이 8.아궁이

수수께끼 닦으면 닦을수록 더러워지는 것은?

나도 아까는 깨끗했는데……

더러워

정답은 ☐☐ 입니다.

끝말잇기

점심 - 심술 - 술래잡기 - ☐☐☐ - 기지개 - ☐☐☐

정답은 ☐☐☐ 와 ☐☐☐ 입니다.

속담

고양이 목에 ○○ 달기

속담 풀이 : 실행하기 어려운 것을 공연히 의논함을 빗대어 이르는 속담이에요.

정답은 ☐☐ 입니다.

가로 열쇠

1. 임금이 사는 집.
  예 부자의 집은 ○○같이 으리으리하고 곳간에는 쌀이 가득했어요. 비 궁궐 한 大闕

3. 게으른 사람.
  예 바쁜 농사철에도 ○○○○○는 온종일 방에서 뒹굴뒹굴 놀기만 했어요. 비 게으름쟁이

4. 자기가 태어나서 자란 곳.
  예 나의 살던 ○○은 꽃피는 산골, 복숭아꽃 살구꽃 아기진달래~ 비 향촌 반 타향 한 故鄕

7. 밀가루를 반죽하여 얇게 민 후 가늘게 썰어 만든 음식
  예 '수제비 잘하는 사람이 ○○도 잘한다'는 속담을 들으면 할머니가 생각나요. 비 면

세로 열쇠

2. 마주보고 이야기함.
  예 요즘 유행인 줄임말을 쓰면 어른들과 ○○하기 어려워요. 비 담화 한 對話

5. 속을 태우고 몹시 괴로워함.
  예 많이 먹는데도 키가 크지 않아서 ○○이에요. 비 걱정 한 苦悶

6. 쇠를 갈퀴 모양으로 만들어 나무 자루를 길게 박은 농기구.
  예 불가사리는 냉큼 ○○○을 집어 나무 자루만 쏙 빼놓고 다 먹었어.

8. 바퀴를 달아서 굴러가게 만든 기구.
  예 대포를 실은 ○○를 포차라고 해. 비 달구지

정답 [가로 열쇠] 1. 대궐 3. 게으름뱅이 4. 고향 7. 국수
[세로 열쇠] 2. 대화 5. 고민 6. 쇠스랑 8. 수레

수수께끼

머리를 풀고 하늘로 올라가는 것은?

정답은 ☐☐ 입니다.

끝말잇기

파란 하늘 바라보며
○○ 얼굴 선녀 얼굴
마음속에 그려 봅니다~

실천 - ☐☐ - 사전 - 전부 - 부들부들 - ☐☐

바람이 머물다 간
○○에 모락모락
피어나는 저녁 연기~

정답은 ☐☐ 와 ☐☐ 입니다.

속담

○○ 싸움에 새우 등 터진다.

속담 풀이 힘센 것들이 싸우는 틈바구니에서 아무런 관계도 없는 약자가 공연히 피해를 입게 된다는 것을 빗대어 이르는 속담이에요.

정답은 ☐☐ 입니다.

다섯고개놀이

 토종개인가요?  예.

 천연기념물 몇 호인가요?

제368호로 지정되어 있습니다.

 얼굴과 온몸이 털로 북슬북슬하게 덮여 있나요?  예

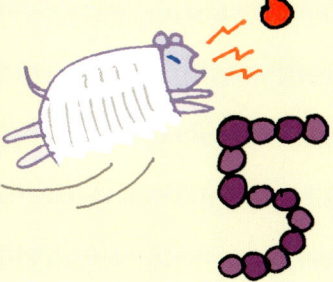 '귀신을 쫓는 개'라는 뜻을 갖고 있나요?  예.

'삽사리'라고도 하나요? 예.

 정답은 ☐☐☐ 입니다.

숨은그림

거울 송곳

무 낙지

석쇠

지게 보리

반딧불이

접시

코뿔소

솥

1. 국화과의 한해살이풀로 흰색, 분홍색, 자주색의 꽃이 피는 식물.
   예 살랑대는 가을바람에 ○○○○가 한들한들 춤을 춰요.

봉주르~

4. 지붕을 기와로 인 집.
   예 옛날 양반들은 주로 ○○○에서 살고, 서민들은 초가집에서 살았어요. 비 와옥

5. 늦가을에 식물의 잎이 붉고 누렇게 변하는 현상.
   예 10월 31일에 주왕산으로 울긋불긋한 ○○을 구경하러 갈 거예요. 비 홍엽 한 丹楓

7. 위험을 무릅쓰고 모르는 어떤 곳을 찾아가서 살펴보고 조사함.
   예 미지의 세계로 ○○을 떠나는 일은 상상만으로도 흥분되는 일이에요. 비 모험 한 探險

2. 유럽 서부에 있는 공화국. 수도는 파리.
   예 막대기처럼 생긴 바게트는 ○○○ 사람들이 즐겨 먹는 빵이에요.

3. 자루 같은 고치 속에 죽은 듯이 들어 있는 애벌레.
   예 누에나방은 '알→애벌레→○○○→성충' 순서로 완전탈바꿈을 해요.

6. 옛날부터 전해 내려오는 습관.
   예 우리나라는 설날이 되면 떡국을 먹는 ○○이 있어요. 비 풍속 한 風習

8. 어떤 일을 실제로 보고 듣고 겪음.
   예 내일은 어린이대공원으로 현장 ○○ 학습을 갈 거예요. 비 경험 한 體驗

정답 [가로 열쇠] 1. 코스모스 2. 기와집 5. 단풍 7. 탐험
[세로 열쇠] 2. 프랑스 3. 번데기 6. 풍습 8. 체험

수수께끼
차도가 없는 나라는?

난 매일 카레를 먹어

정답은 □□ 입니다.

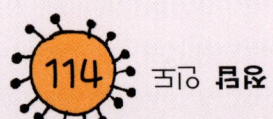

끝말잇기

속담

○○○○도 제 새끼만은 함함하다고 한다.

우리 아기는 털이 어쩜 이리 보드랍고 이쁠까?

속담 풀이 털이 바늘같이 꼿꼿한 고슴도치도 제 새끼의 털이 부드럽다고 옹호한다는 뜻으로, 자기 자식의 나쁜 점은 모르고 도리어 자랑으로 삼는 것을 빗대어 이르는 속담이에요. 여기서 '함함하다'라는 말은 우리 옛말로 '털이 보드랍고 반지르르하다'라는 뜻이에요.

정답은 ☐☐☐☐ 입니다.

숨은그림

밤　종지

사마귀

병뚜껑　망원경

감

돋보기

왕관

스케이트

캐스터네츠　왜가리

햄버거

가로 세로 낱말 퍼즐(1~2학년) 목록

ㄱ

가방
가위
가위바위보
가족
가지
갈매기
감
강아지풀
개구리
개구리밥
거미
거미줄
거북선
거울
걸레
게으름뱅이
경험
계단
고깔
고래
고민
고사리
고슴도치
고양이
고추
고향
곰
공룡
괭이
교통안전
구두
구름
구슬
국기
국수
국자
국화
금요일
기구
기대
기둥
기러기
기린

기역
기와집
기지개
기차
기피
길이
김밥
깃발
까마귀
까치
껍데기
꾀꼬리
〈55개〉

ㄴ

나들이
나머지
나무
나뭇잎
나비
나사못
나이
나팔꽃
낙지
낭송
넓이
네모
노랑나비
농부
누나
누룽지
눈
눈사람
〈18개〉

ㄷ

다람쥐
단위
단추
단풍
달걀
달빛
당근
달팽이
대궐
대문
대추
대출
대한민국
대화
덧셈
도깨비
도깨비바늘
도끼
도넛
도라지
도장
도토리
도형
독수리
돋보기
돌고래
동네
동물
동전
돼지
두부
들판
딱지
땅콩
〈34개〉

ㅁ

마라카스
마이크
만두
만장일치
말
망원경
맞장구
맷돌
면봉
명절
모래
모음
모이
모자
모퉁이
무
무궁화
무당벌레
무지개
문어
문장
문지기
물고기
물놀이
물음표
미나리
미래
미로
미소
미안
미역국
밀짚모자
〈32개〉

ㅂ

바나나
바늘
바람개비
바퀴
박쥐
반드시
반딧불이
발표
밤
방울
백두산
뱀
버섯
버스
번데기
벌
변비
별
병
병뚜껑
병아리
보리
보물
봉지
부들부들
부레옥잠
부분
부자
부채
북
분류
분홍
불가사리
붓
비교
비누
비둘기
비밀
비사치기
비행기
빨대
뺄셈
〈42개〉

ㅅ

사과
사마귀
사슴
사슴벌레
사자
사전
사촌
사탕
삽
삽살개
새싹
새우
색종이
생수병
생일
생쥐
선생님
석쇠
세로
세모
셋째
소고
소금
소금쟁이
소나기
솔잎
송곳
송아지
송충이
송편
솥
쇠스랑
수레
수련
수박
수비
수저
술래잡기
쉼표
스케이트
스케치북
시계
시골

ㄹ

로봇
리본
〈2개〉

	ㅇ		ㅈ	ㅊ	ㅌ	ㅎ	자음
시루	아궁이	원숭이	자동차	참새	타조	하나	ㄴ
시소	아이스크림	육각형	자두	참외	탐험	해	ㅅ
신문	악어	은행잎	자라	창문	태평소	해바라기	ㅎ
실천	안경	의자	자음	첨성대	탬버린	해적	ㄲ
심술	안녕	이동	자전거	천사	텔레비전	해충	ㄸ
썰매	야자나무	이름	잠자리	청설모	토끼	햄버거	ㅃ
쓰레기통	양동이	이름표	장갑	첫째	통닭	허수아비	〈6개〉
〈50개〉	양말	이모부	장구	체험	튤립	형님	
	애벌레	이불	장구애비	초가집	트라이앵글	형제	모음
	앵두	이사	장독	초대	〈9개〉	호랑이	ㅏ
	앵무새	이삭	장화	초원		홍수	ㅕ
	어르신	이야기	저고리	총	ㅍ	화분	ㅗ
	어머님	인도	제기	추석	파리	화살	ㅜ
	여덟	인형	제비	추수	팽이	화장실	ㅡ
	여든	일개미	전부	축구공	페달	화해	ㅣ
	여름	일기	전화	축하	펭귄	환경미화원	〈6개〉
	여보	〈59개〉	점심	출발	편지	환자	
	여섯		접시	충치	포도	황새	숫자
	연		존경	치마	풍선	횡단보도	1
	연기		종달새	친구	풍습	흉년	2
	연필		종이비행기	〈20개〉	프랑스	흥부	3
	열쇠		종지		피노키오	〈21개〉	4
	엽전		지게	ㅋ	피부		5
	예절		지느러미	캐스터네츠	필통		6
	오각형		지렁이	커튼	〈12개〉		7
	오감		지팡이	컵			8
	오누이		지폐	코끼리			9
	오늘		진달래	코뿔소			〈9개〉
	오빠		징	코스모스			
	오이		〈29개〉	코알라			
	오징어			콩			
	오후			콩나물			
	옥수수			크레파스			
	올챙이			클립			
	왕관			〈11개〉			
	왜가리						
	외국						
	우렁이						
	우물						
	우산						
	우유갑						
	우주선						
	우체통						

숨은그림찾기 정답

14-15쪽

22-23쪽

30-31쪽

38-39쪽

46-47쪽

54-55쪽

62-63쪽

70-71쪽

78-79쪽

86-87쪽

94-95쪽

102-103쪽

110-111쪽

118-119쪽

경제를 놀이처럼 쉽고 재미있게!
스마트한 세 살 경제 습관이 여든 간다!

아빠가 알려 주는 경제 이야기

부자가 되고 싶다고요?
자유롭게 돈을 쓰면서 살고 싶다고요?
《태토의 부자 되는 시간》에는
부자가 되는 비밀이 들어 있어요!
똑똑한 경제 동화가 미래의 나를
부자로 만들어 줄 거예요!

어른도 아이도 재미있는 경제보드게임
미래의 부자를 꿈꾸며 재미있는 게임 한 판!

신비아파트 학습 보드게임

카드 게임도 하고
속담, 고사성어, 국기도 익히고!

www.haksanpub.co.kr (주)학산문화사 문의 02-828-8962